Vorwort

Sind wir mal ehrlich: Die Weihnachtszeit ist längst nicht mehr so besinnlich wie die Werbung es propagiert und wie wir selbst es gerne hätten. Wir hetzen von Termin zu Termin, müssen hier ein Geschenk besorgen, dort die Gans vorbestellen und einen Baum braucht's ja auch noch. So kommt es oft, dass wir im Advent wirklich an alles denken, aber uns selbst vergessen. Und hier kommt Achtsamkeit ins Spiel. Diese zielt darauf ab, uns auf uns selbst zu konzentrieren, völlig im Hier und Jetzt zu sein und den Moment zu genießen. Gerade jetzt gibt es nämlich so viele schöne Momente, bei denen es sich lohnt, sie ganz bewusst wahrzunehmen und aufzusaugen: Kinderlachen unterm Tannenbaum, der Duft von frischen Plätzchen oder eine heiße Tasse Punsch in der Hand.

Dieser Achtsamkeits-Adventskalender ist deine tägliche Auszeit in der Weihnachtszeit. Dein Gegenpol zum Weihnachtsstress. Er enthält 24 Übungen rund um Achtsamkeit und Dankbarkeit, die dir dabei helfen sollen, dich wieder auf das Wesentliche zu konzentrieren: Auf dich, dein Wohlbefinden und den Zauber von Weihnachten.

Du kannst den Adventskalender Tag für Tag durcharbeiten oder die Reihenfolge der einzelnen Übungen beliebig tauschen. Jeden Tag findest du auf der Rückseite Platz, den du zusätzlich für die jeweilige Übung benutzen kannst, für deine persönlichen Notzen oder um ein Weihnachtstagebuch zu führen.

Hab eine besinnliche & magische Adventszeit! 

Tag 1

Dankbarkeitstagebuch

An Tag eins des Achtsamkeitsadventskalenders möchte ich dir eine mittlerweile sehr bekannte aber auch sehr wirkungsvolle Achtsamkeitsübung zeigen: Das Führen eines Dankbarkeitstagebuches. Die positiven Auswirkungen davon wurden mittlerweile in mehreren Studien nachgewiesen. Wie alle Dankbarkeitsübungen lenkt es den Fokus weg vom Mangelempfinden und zudem sorgt es dafür, dass du auch an schlechten Tagen nachlesen und feststellen kannst, dass jeder Tag letztlich doch etwas Gutes hat. Eine Studie kam sogar zu dem Ergebnis, dass ein Dankbarkeitstagebuch die körperliche Fitness verbesserte.

Schreibe also die nächsten 24 Tage jeden Tag mindestens drei Dinge auf, für die du dankbar bist oder die heute gut waren. Du findest dafür auf der Rückseite jedes Tages ausreichend Platz. Wenn du möchtest, kannst du dir natürlich auch ein separates Dankbarkeitstagebuch (Notizbuch) dafür besorgen. Am wirkungsvollsten ist es, wenn du diese Übung abends vorm Zubettgehen machst, um den Tag Revue passieren zu lassen und ihn in Ruhe und positiv abzuschließen.

Tag 2

Waldbaden

Wusstest du, dass schon 20 Minuten im Grünen dafür sorgen, dass dein Cortisolspiegel deutlich sinkt? Das führt nicht nur dazu, dass sich dein Stresslevel reduziert, sondern langfristig könnte das sogar dein Risiko für Diabetes, Herz-Kreislauf-Erkrankungen, Depressionen und andere Erkrankungen senken. In Japan gilt das sogenannte Waldbaden ("Shinrin-yoku") als anerkannte Methode zur Stress-Reduzierung und ist sogar Teil der staatlichen Gesundheitsförderung. Nicht zuletzt eignet sich ein Waldspaziergang auch deswegen so gut als Achtsamkeitsübung, weil es dort so viele Farben, Gerüche und Geräusche gibt, die man ganz bewusst wahrnehmen kann. Geh heute also für mindestens 20 Minuten in den Wald und nimm ihn mit all seinen Facetten ganz bewusst wahr. Du kannst selbst entscheiden, ob du dabei spazieren möchtest oder ob du lieber eine Decke mitnimmst und dich an einen schönen Ort setzen möchtest.

Tag 3

Die kleinen Dinge im Leben: Mach dein Bett

"The little things in life matter". Dieses Zitat hörst du bestimmt nicht zum ersten mal. Wie entscheidend jedoch eine kleine Sache - nämlich die, dein Bett morgens zu machen - sein kann, darüber sprach Marine-Admiral William H. McRaven in seiner Rede vor der Abschlussklasse 2014 der Universität Texas. Die sehr berühmte Rede zitiere ich an dieser Stelle gerne:

"Wenn du jeden Morgen dein Bett machst, dann hast du bereits die erste Aufgabe des Tages erledigt. Du wirst ein ganz klein wenig stolz sein und es wird dich ermutigen, eine weitere Aufgabe anzupacken und dann noch eine und noch eine. Am Ende des Tages wird diese eine erfüllte Aufgabe zu etlichen erfüllten Aufgaben führen. Dein Bett zu machen wird auch die Tatsache, dass kleine Dinge im Leben wichtig sind, unterstreichen. Wenn du die kleinen Dinge nicht richtig machen kannst, dann wirst du die großen Dinge schon gar nicht meistern. Und du kannst – solltest du einen miserablen Tag gehabt haben – immer zu einem gemachten Bett heimkehren – einem Bett, das du gemacht hast – und ein gemachtes Bett gibt dir die Ermutigung, dass es morgen besser wird. Wenn du die Welt verändern willst, beginne, indem du dein Bett machst."

Tag 4

Achtsamkeit in deinem Zuhause

Das eigene Zuhause ist für viele Menschen nicht nur Rückzugsort, sondern auch ein Ort an dem sie zur Ruhe kommen, weil sie sich wohlfühlen. Die wenigsten haben sich aber schon mal ganz bewusst auf achtsame Art mit ihrer Wohnung oder ihrem Haus auseinandergesetzt und betrachtet, welche Ressourcen dort zu finden sind. Daher beschäftigt sich die heutige Übung damit. Zeichne unten den Grundriss deines Zuhauses auf und markiere zunächst z.B. mit bunten Farben wo deine Wohlfühlorte in deiner Wohnung sind, also wo du Energie und Kraft tanken kannst. Im Anschluss daran kannst du auf andere Weise markieren, welche Orte dich eher Kraft kosten oder dich beunruhigen. Keine Sorge, wir alle haben diese Orte und Ziel der Übung ist zunächst nur, sich diese bewusst zu machen. Du musst nicht losziehen und etwas verändern. Nimm die gewonnenen Erkenntnisse zunächst einfach wertfrei an.

Achtsamkeit durch Kreativität: Male ein Mandala aus

Malen weckt nicht nur Erinnerungen an unsere unbeschwerte Kindheit, sondern sorgt auch für Entspannung und Zufriedenheit, weil dabei Glückshormone ausgeschüttet werden. Mandalas ausmalen kann sogar als eine Form der Meditation gesehen werden, die beruhigend und stressreduzierend wirkt. Dabei handelt es sich also um eine sehr gute Achtsamkeitsübung, weil du dich für die Dauer des Ausmalens ganz auf das Motiv einlassen und alles zurücklassen kannst, was dich gerade beschäftigt und stresst. Sorge dafür, dass du ungestört bist und tauche völlig ein in das Muster, die Formen und die Farben die du verwendest. Konzentriere dich nur auf das Motiv und sei ganz präsent. Lass dich von deiner Kreativität tragen.

Tag 6

Fokus auf die Stärken

Im Leben legen wir selbst und leider auch andere oft überwiegend den Fokus auf das, was wir nicht können. Das fängt schon in der Schule an, wo immer nur die Fehler angestrichen werden und selten hervorgehoben wird, was wir gut gemacht haben. Dieses Muster führt sich bei den meisten Menschen ihr ganzes Leben lang fort und sie sind sich wohl bewusst darüber, was sie alles nicht können, nicht aber darüber, was sie alles gut können. Es handelt sich also mal wieder um ein klassisches Fokus-Problem.

Überleg dir also heute, was deine fünf größten Stärken sind.

Tipp: Diese Übung kann ganz schön schwer fallen, aber du kannst dir Hilfe holen und dein Umfeld fragen, was du besonders gut machst. Ich wette, du bekommst jede Menge Dinge genannt, die dich vielleicht sogar überraschen!

Meine größten Stärken

1.______________________________________

2.______________________________________

3.______________________________________

4.______________________________________

5.______________________________________

Tag 7

Sorge für Pausen

Niemand kann pausenlos konzentriert sein und gute Arbeitsergebnisse wie am Fließband liefern - und doch versuchen wir es immer wieder. Dabei sollte mittlerweile jedem von uns klar sein, wie wichtig Pausen sind. Sie reduzieren nicht nur dein Stresslevel, sondern sorgen auch dafür, dass du danach wieder viel produktiver weiterarbeiten kannst. Also: egal wie stressig dein Arbeitstag heute ist, nimm dir vor, mindestens drei Mal eine kurze Pause von nur zwei Minuten zu machen, in der du einfach gar nichts machst. Wenn du dich danach fühlst, darfst du dabei gerne die Augen schließen und tief ein- und ausatmen. Falls du im Büro arbeitest kannst du die Website donothingfor2minutes.com zu Hilfe nehmen, alternativ geht natürlich auch ein einfacher Küchen- oder Handywecker.

Tag 8

Minimiere deine digitale Ablenkung

Ablenkung ist Gift für die Achtsamkeit im Alltag. Sie reißt uns ständig aus dem Flow und den Gedanken, mindert die Produktivität und sorgt so für Stress. Und wodurch werden die meisten von uns hauptsächlich abgelenkt? Genau, durch das bimmelnde Handy, das uns neue Nachrichten, Emails und Benachrichtigungen von Apps signalisieren will. Kümmere dich also heute darum, künftig weniger Ablenkung zu erfahren, indem du reflektierst, ob all die Benachrichtigungen wirklich nötig sind.

Schritt 1: Geh durch dein Email-Postfach und bestelle unnötige Newsletter ab (das geht meistens ganz am Ende des Newsletters).

Schritt 2: Überlege, ob du wirklich immer sofort über eintreffende Emails benachrichtigt werden musst oder ob vielleicht auch ein oder zwei mal am Tag reicht und stelle es entsprechend in deinen Handyeinstellungen um.

Schritt 3: Zu guter letzt schaue dir die Einstellungen für die Push-Benachrichtigungen deiner Apps an: Ist es wirklich nötig, über jedes Like auf Instagram benachrichtigt zu werden? Soll dich der örtliche Supermarkt wirklich drei mal die Woche an die Angebote erinnern? Das sind natürlich nur zwei Beispiele, wende sie einfach auf die Apps an, deren Benachrichtigungen du regelmäßig erhältst und entziehe ihnen in den Einstellungen die Berechtigung dafür, wenn du das Gefühl hast, dass das besser wäre.

Tag 9

Alphabet der Dankbarkeit

Im Alltag neigen wir oft dazu, den Blick für das Schöne in unserem Leben zu verlieren und fokussieren uns dafür stark auf Stressoren und negative Ereignisse. Das Alphabet der Dankbarkeit ist eine schöne Übung, um den Blick für das Schöne und Wertvolle in deinem Leben nicht zu verlieren. Es geht ganz einfach: Schreib zu jedem Buchstaben ein Ding auf, für das du in deinem Leben dankbar bist. Das können Menschen sein, Tiere, Sachen oder jede andere Ressource, die dir Freude bereitet. An schlechten Tagen kannst du immer darauf zurückgreifen und wirst feststellen, dass dein Leben vielleicht doch nicht so schlecht ist, wie du gerade denkst.

A	N
B	O
C	P
D	Q
E	R
F	S
G	T
H	U
I	V
J	W
K	X
L	Y
M	Z

Tag 10

Achtsames Atmen

Für viele mag es abgedroschen klingen, aber achtsames Atmen oder eine Atemmeditation ist eine der wichtigsten und wirksamsten Achtsamkeitsübungen. Ziel der Übung ist es, den Fokus ganz auf die Atmung zu legen, an nichts mehr zu denken und völlig loszulassen. So reduzierst du fast wie auf Knopfdruck dein Stresslevel, sorgst für mehr Entspannung und erdest dich wieder ein Stück weit. Für den Anfang ist es gar nicht so leicht, mit den Gedanken nicht abzuschweifen, aber du wirst merken, dass du besser wirst, je öfter du es übst. Das schöne an dieser Übung ist, dass sie nicht lange dauert und du sie an jedem beliebigen Ort und in jeder Situation einsetzen kannst, also z.B. auch als SOS-Übung, wenn du merkst, dass dir gerade alles zu viel wird.

1. Setz oder stell dich aufrecht hin. Wenn es zur Gelegenheit passt, schließe die Augen.

2. Verfolge den Rhythmus deines Atems, ohne ihn zu beeinflussen, also bewusst schneller oder langsamer zu atmen.

3. Finde heraus, wo an deinem Körper du deinen Atem am besten spüren kannst. Das kann z.B. die Bauchdecke sein, die sich durch die Atmung hebt und senkt. Um dein Gefühl dafür zu intensivieren, kannst du eine Hand auf deinen Bauch legen. Alternativ spürst du deine Atmung vielleicht auch an den Nasenflügeln, die sich weiten und verengen, wenn die Atemluft ein- und wieder ausströmt.

4. Führe die Übung für mindestens zehn Atemzüge aus. Du kannst sie beliebig oft wiederholen - je öfter, desto besser.

Tag 11

Mache Komplimente

Erinnerst du dich, wann du das letzte Mal ein Kompliment bekommen hast und was das für ein schönes Gefühl in dir ausgelöst hat? Mitunter dafür verantwortlich kann sein, dass du dich darüber gefreut hast, dass jemand eine Kleinigkeit wahrgenommen hat, die andere übersehen oder die du vielleicht selbst gar nicht bemerkt hast. Auch das ist Achtsamkeit: Die kleinen Dinge wahrnehmen und sich dankbar dafür zeigen. Bereite heute anderen eine Freude, in dem du mindestens drei Leuten ein Kompliment machst. Das klingt erstmal viel, aber wenn du aufmerksam bist, wirst du feststellen, es gibt viele Gelegenheiten: Dein Kollege hat den Kaffee heute besonders lecker gekocht, deine Freundin lächelt heute besonders fröhlich oder die Nachbarin hat eine tolle neue Frisur. Geh heute mit offenen Augen durch die Welt und schau, was du findest.

Tag 12

Bedanke dich bei deinen Fehlern

Viele Achtsamkeitsübungen zielen darauf ab, sich immer auf das Positive zu besinnen. Grundsätzlich ist das natürlich richtig, aber leider ist im Leben nicht immer alles positiv. Manchmal machen wir auch Fehler. Heute ist es an der Zeit, sich mit diesen auseinanderzusetzen. Denke darüber nach, was deine größten oder schlimmsten Fehler in den letzten Jahren waren und schreibe sie auf. Und jetzt kommt der entscheidende Teil: Notiere dir auch, was du daraus gelernt hast und was du beim nächsten Mal anders oder besser machen kannst. Hat sich aus deinen Fehlern vielleicht sogar etwas Positives ergeben oder bist du irgendwo gelandet, wo du niemals hingekommen wärst, wenn immer alles nach Plan gelaufen wäre? Schreibe alles auf, was dir in den Sinn kommt und bedanke dich bei deinen Fehlern für all das, was du durch sie lernen und erfahren durftest.

Tag 13

Sag Nein

Das kleine Wörtchen "Nein" ist eigentlich ganz kurz und trotzdem geht es uns so schwer von den Lippen. Oft haben wir Angst, dadurch Ablehnung zu erfahren oder nicht gemocht zu werden. Diese Angst ist jedoch meistens völlig unbegründet und sie sorgt nur dafür, dass wir uns selbst weniger respektieren, weil wir mal wieder nicht für uns eingestanden sind. Welche Konsequenzen hat es also, nicht nein zu sagen? Es sorgt für Stress und dafür, dass unser äußeres und vor allem inneres Gleichgewicht aus den Fugen gerät. Heute ist deine Challenge also, zu einer Sache, die dir widerstrebt, ganz bewusst Nein zu sagen - und dich nicht dafür zu rechtfertigen! Denn wie Verhandlungsexpertin Claudia Kimich zu sagen pflegt: "Nein ist ein ganzer Satz". Wenn dir ein "Nein, ich kann das Projekt nicht übernehmen." für den Anfang noch zu schwierig ist, versuch es einfach mit einem "Nein danke, ich komme heute nicht mit zum Mittagessen.", wenn du deine Mittagspause heute z.B. lieber alleine verbringen würdest. Steh für dich ein und sag Nein!

Tag 14

Achtsames Essen

Hier ein Schokoriegel, da ein Sandwich und in der Mittagspause zwischen zwei Meetings schnell in die Kantine. So sieht für viele der Alltag ihrer täglichen Ernährung aus und sie nehmen gar nicht mehr bewusst wahr, was sie konsumieren. Versuche heute, deine Nahrung einmal ganz bewusst zu dir zu nehmen. Leg dein Handy beiseite und nimm dir Zeit. Inspiziere dein Essen ganz genau: Wie sieht es aus? Welche Farben hat es? Wonach riechen die einzelnen Bestandteile? Nimm einen Bissen in den Mund und stelle fest, wie es sich auf der Zunge anfühlt und wie es schmeckt. Sei heute ganz präsent und achtsam mit deinem Essen. Wenn die Umstände es nicht zulassen, dass du deine ganze Mahlzeit achtsam einnimmst, dann fang erst mal mit den ersten Bissen an und fokussiere dich bei jeder Mahlzeit darauf, diese besonders bewusst zu genießen.

Tag 15

Bedanke dich bei einem Menschen in deinem Leben

Dankbarkeit spielt eine zentrale Rolle wenn es um Achtsamkeit geht, denn sie wendet den Blick ab von dem was uns zu fehlen scheint und setzt den Fokus auf das, was wir haben. Heute geht es um die Menschen, die wir haben und für die wir dankbar sind. Es ist nicht selbstverständlich gute Freunde, einen lieben Partner oder eine unterstützende Familie zu haben. Welchem Menschen in deinem Leben bist du besonders dankbar und warum? Ruf ihn oder sie heute an oder schicke eine schöne Weihnachtskarte.

Heute bedanke ich mich bei

____

Tag 16

Bedanke dich bei dir selbst

Gestern hast du dich bereits bei einem lieben Menschen in deinem Leben bedankt und heute bist du dran.

Ja richtig, heute geht es nur um dich.

Bedanke dich bei dir selbst, für all das was du täglich leistest. Bei deinem Körper, der dich vielleicht trotz kleinerer oder auch größerer Wehwehchen durch die Welt trägt. Bei deinem starken Willen, der dich deine Ziele erreichen lässt. Bei deinem Humor, der es dir ermöglicht, auch an dunklen Tagen zumindest zu schmunzeln. Was auch immer es ist: Bedanke dich für alles, was in dir ist und aus dir kommt und wertschätze es - nichts davon ist selbstverständlich, sondern deine tägliche harte Arbeit! Du kannst die Übung gedanklich machen oder die folgenden Zeilen dafür nutzen und es aufschreiben.

Tag 17

Vielleicht kennst du das, dass du manchmal vor lauter Gedanken nicht weißt, wo dir der Kopf steht. "Ich brauche noch ein Geburstagsgeschenk für Tanja" - "War ich eigentlich gerade nicht freundlich genug zu dem Kunden?" - "Ich muss dringend diese Sache mit der Versicherung regeln". Die heutige Übung hilft dir dabei, dich zu beruhigen, die Gedankensprünge zu stoppen und wieder einen klaren Kopf zu bekommen. Du wirst dich erleichtert fühlen, dass du die Gedanken zunächst beiseite legen kannst trotzdem nichts vergessen wirst - du hast alles hier aufgeschrieben.

So geht's: Stell dir einfach vor, dein Gehirn wäre eine Schublade und diese leerst du jetzt aus, indem du völlig unwillkürlich all deine Gedanken zu Papier bringst. Schreib einfach auf, was dir einfällt - egal ob Wörter, Stichpunkte oder ganze Sätze.

Tag 18

Den Körper spüren mit Bodyscan

Der sogenannte Bodyscan ist eine Übung, die auch in der Meditation und Stressbewältigung zum Einsatz kommt. Ziel ist es, die Aufmerksamkeit ganz auf sich selbst zu lenken und den Körper besonders bewusst wahrzunehmen - ohne Empfindungen, Gedanken und Gefühle zu bewerten oder zu verurteilen. Und so geht's: Setz dich hin, schließ die Augen und atme ein paar mal tief durch. Dann scannst du gedanklich langsam einmal deinen ganzen Körper - vom Haaransatz bis zur Spitze des kleinen Zehs. Stell dir einfach vor, du bist ein Scanner der ein Blatt Papier einscannt und langsam mit dem Lichtstrahl von oben nach unten fährt. Nimm ganz wertfrei wahr was du spürst und fühlst. Sei einfach nur präsent und ganz bei dir.

Tag 19

Schenke ein Lächeln

"Ein Lächeln ist ein Geschenk, das sich jeder leisten kann."

Es gilt als bewiesen, dass Lächeln nicht nur glücklicher, sondern auch schlauer und gesünder macht. Es wirkt u.a. stressreduzierend, aktiviert die Selbstheilungskräfte, beugt Herz-Kreislauf-Erkrankungen vor, steigert die Kreativität und Leistungsfähigkeit und vieles mehr. Tu also dir selbst und anderen etwas Gutes, indem du heute über den Tag verteilt drei mal ein Lächeln verteilst - egal ob an den Busfahrer, die Kassiererin im Supermarkt oder deinen Chef. Sei außerdem besonders achtsam für jedes Lächeln das man dir schenkt und vergiss nicht, es zurückzugeben. Am Ende des Tages kannst du reflektieren, was sich durch diese kleine Geste verändert hat.

Tag 20

Beseitige deinen "Hot Spot"

"Outer order contributes to inner calm". Das hast du vielleicht schon mal gehört. Es mag einige Ausnahmen geben, aber die meisten von uns fühlen sich in einem ordentlichen und aufgeräumten Umfeld wohler als an einem überladenen Ort voller Chaos. Eine aufgeräumte Wohnung strahlt Ruhe und Geborgenheit aus. Bestimmt hast du ein Zimmer, eine Ecke oder eine Schublade in deinem Zuhause, von der du ständig denkst "Mist, das müsste ich mal ausmisten und aufräumen…".

Heute ist der Tag gekommen! Sorge dafür, dass dieser Ort in Zukunft nicht länger deine Ressourcen frisst und schenke ihm dafür heute deine ganze Aufmerksamkeit. Nimm jedes Teil in die Hand und entscheide, ob du es noch brauchst. Wenn nicht, lass es gehen. Wenn doch, weise ihm einen festen Platz zu. So sorgst du dafür, dass dieser "Hot Spot" dauerhaft aufgeräumt bleibt und dich nicht länger beschäftigt.

Tag 21

Schreibe eine Bucket-List für das nächste Jahr

Vor lauter Aufgaben, To-Dos und Terminen verlieren wir oft das große Ganze aus den Augen - nicht nur in der Weihnachtszeit. Wofür stehe ich eigentlich morgens auf? Was möchte ich im Leben erreichen? Was will ich alles noch erleben? Welche großen Ziele verfolge ich mit den kleinen Zielen, für die ich Tag für Tag arbeite? In der heutigen Übung sollst du dich genau damit auseinandersetzen.

Schreibe eine Bucket-List mit all den Dingen, die du im nächsten Jahr erreichen oder erleben willst. Diese Liste soll dir dabei helfen, deine Ziele, Träume und Wünsche für das nächste Jahr auch in stressigen Zeiten nicht aus dem Fokus zu verlieren.

☐ ____

☐ ____

☐ ____

☐ ____

☐ ____

☐ ____

☐ ____

☐ ____

☐ ____

☐ ____

Tag 22

Nur eine Aufgabe

Ganz besonders in der Weihnachtszeit sind unsere To-Do-Listen voll bis obenhin und wir hetzen oft nur so von Termin zu Termin und am Ende des Tages fühlen wir uns erschöpft und trotzdem so, als hätten wir nichts geschafft. Es ist Zeit auf die Bremse zu drücken. Du kannst nicht hundert Sachen gleichzeitig machen, vor allem nicht, wenn es gut werden soll. Entscheide dich für nur eine einzige Aufgabe, die du heute erledigst und diese machst du besonders gut. Wenn du Schwierigkeiten beim Priorisieren deiner Aufgaben hast, kannst du dir das Eisenhower-Prinzip zu Hilfe nehmen - nicht nur für die heutige Übung sondern auch im Alltag.

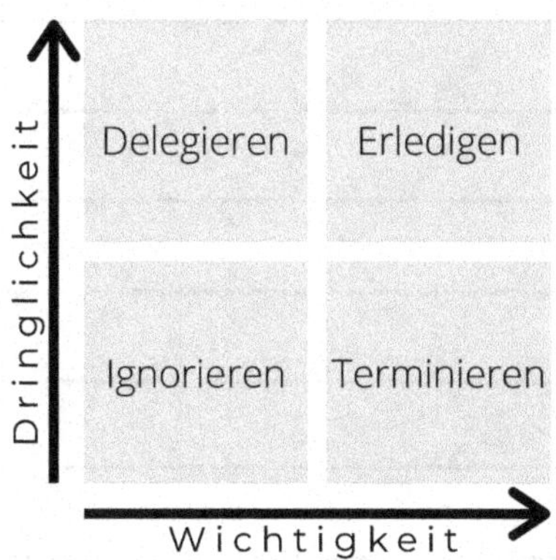

Heute erledige ich nur diese Aufgabe und mache das besonders gut:

____

Tag 23

Digital Detox

Wer sich mit dem Thema Achtsamkeit beschäftigt, kommt auch an der Beschäftigung mit dem eigenen Medienkonsum nicht vorbei. Ja, "Digital Detox" ist gerade ziemlich in Mode, aber das zeigt nur, wie stark seine Daseinsberechtigung ist.

Heute merken wir oft gar nicht mehr, wie oft wir zum Handy greifen und wie lange wir es insgesamt täglich in der Hand haben. Die ständige Verfügbarkeit und das ständige Ausschau-Halten nach Neuigkeiten in Social Media lassen uns überhaupt nicht mehr zur Ruhe kommen. Bei den meisten Smartphones kannst du dir anzeigen lassen, wie viel Zeit du täglich am Handy verbracht hast. Willst du wirklich so viel wertvolle Lebenszeit in der virtuellen Welt verbringen?

Versuche dich heute mal an Digital Detox, leg dein Handy beiseite und konzentriere dich auf das, was gerade in der realen Welt um dich herum geschieht. Du selbst entscheidest, wie lange du "detoxen" willst. Den ganzen Tag, nur den halben oder auch nur eine Stunde.

Am wirkungsvollsten ist der Handyentzug übrigens mitunter vor dem Schlafengehen, das blaue Licht der Smartphone-Bildschirme stört nämlich den Melatoninspiegel, der unseren Schlafzyklus reguliert.

Tag 24

Feiere deine Erfolge des Jahres

Heute ist Heilig Abend, der 24. Dezember und das Jahr ist fast vorbei. Das ist also die perfekte Gelegenheit zu reflektieren, welche tollen Dinge dieses Jahr passiert sind. Was hast du erreicht? Welche Erfolge hast du zu verzeichnen? Was ist besonders gut gelaufen? Lass das Jahr Revue passieren und schreib alle deine Zielerreichungen und Erfolge auf, egal wie groß oder klein sie sind. Vergiss nicht, dich am Ende ordentlich dafür zu feiern!

Impressum
Karina Leitner
Herler Str. 101
51067 Köln

* 9 7 8 1 7 0 7 9 0 3 1 9 1 *